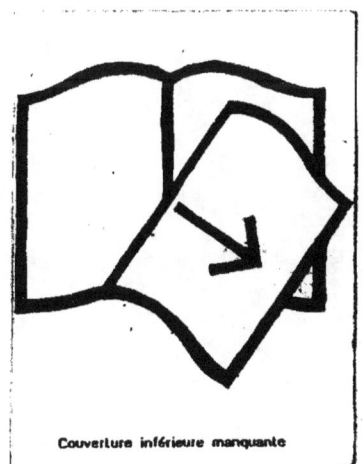

Couverture inférieure manquante

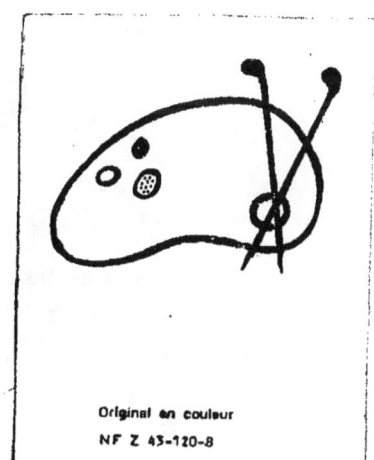

Original en couleur
NF Z 43-120-8

CHARLES MONSELET

Sous le Manteau

PARIS
ALPHONSE LEMERRE, ÉDITEUR
23-31, PASSAGE CHOISEUL, 23-31
M DCCC LXXXIX

Sous le Manteau

Tous droits réservés.

CHARLES MONSELET

Sous le Manteau

PARIS
ALPHONSE LEMERRE, ÉDITEUR
23-31, PASSAGE CHOISEUL, 23-31
—
M DCCC LXXXIX

LA BAIGNOIRE

MON ami Orlando, peintre du plus grand mérite, voulut un jour prendre un bain. Ce désir n'avait rien d'exorbitant. — Demeurant dans le quartier de la Madeleine, il fit choix du premier établissement qui lui sauta aux yeux.

Une dame, installée au comptoir, lui demanda s'il désirait un bain complet.

— Complet, oui... Qu'est-ce que c'est ? demanda Orlando.

— Avec un fond de bain... et un son, répondit la dame.

— Comme vous voudrez.

La dame dit :

— Conduisez Monsieur au premier.

Pourquoi conduisait-on Orlando au premier ? C'est ce dont il ne s'inquiéta guère.

Cependant il y avait un motif. Le premier étage était réservé aux dames en temps ordinaire. C'était le *Côté des dames*. Mais ce jour-là tombait un samedi, et le samedi, à ce qu'il paraît, on se baigne plus que les autres jours. Pourquoi ? Je n'en sais rien. On m'a dit que certaines femmes de modeste extraction tenaient à se tenir plus propres pour le dimanche. C'est un mystère que je laisse à éclaircir aux naturalistes.

Mon ami Orlando n'y voyait pas tant de malice et se laissa conduire au premier étage.

Lorsque son bain eut été préparé, le garçon qui l'avait conduit lui dit :

— Monsieur voudra bien sonner pour son linge. Que faut-il à Monsieur ?

— Un peignoir et deux serviettes.

— C'est bien.

Et la porte se referma.

Pendant qu'il se déshabillait, Orlando entendit, dans le cabinet à côté, un duo de voix argentines et rieuses qui lui révélèrent qu'il avait des femmes pour voisines. L'imagination d'Orlando, en tant que peintre de genre, était facile à s'enflammer. Des femmes, jeunes sans doute, toutes les deux dans la même baignoire ! Et nues ! S'il pouvait les voir !

Il commença par inspecter soigneusement la chambre où il était enfermé pour y trouver une fente, un interstice, d'où il pourrait voir ce qui se passait de l'autre côté. Rien, absolument rien. Et il avait oublié sa vrille, sa bonne vrille de Tolède !

Orlando se résigna ; il se plongea dans son bain, comme un honnête bourgeois !

De l'autre côté, les baigneuses inconscientes continuaient leur gazouillis et leur clapotis, ce qui ne laissait pas que d'agacer Orlando, qui se tournait et se retournait pour chasser des idées inutiles, quand tout à coup, ô bonheur ! ô surprise ! en faisant jouer les cygnes de cuivre poli, distributeurs de l'eau chaude et de l'eau froide, il aperçut, entre eux deux, un espace suffisant pour y glisser un regard.

Orlando faillit laisser échapper un cri de joie ; mais il se retint. Il se posta à son observatoire, oppressé par l'émotion, retenant son haleine. D'abord, il ne vit que des objets confus, une surface d'eau balancée, d'où se dégageait de temps en temps quelque chose de rose aussitôt disparu. Un examen plus attentif lui fit distinguer, en ce quelque chose de rose, des éclairs de peau humaine, tantôt un bras, tantôt une épaule ; cela filait sur l'eau, s'élevait quelquefois ; les figures lui échappaient presque entièrement, situées qu'elles étaient aux deux extrémités de la baignoire. A peine, en se baissant beaucoup, en se renversant, en se contorsionnant, attrapait-il un œil, des boucles de cheveux, un commencement de sein. Ce spectacle incomplet, dépareillé, était irritant à l'excès. Mais quoi ! rien ne pouvait agrandir le diamètre du trou dont il venait de faire la découverte. Il fallait qu'il se contentât du peu qu'il voyait, ce qu'il rêvât le reste. Ce fut ce qu'il fit.

Il essaya de se rejeter sur la conversation des deux femmes, et il prêta l'oreille à leurs propos. Peut-être s'attendait-il vaguement à assister à quelque chapitre détaché du roman des *Deux Amies* ; mais il en fut pour son souhait effronté. Ces baigneuses paraissaient être de simples bourgeoises, des ricuses tout au plus : il n'était question, entre elles, que de toilettes.

Orlando se mit donc à attendre avec philosophie leur sortie du bain. Sans doute, alors, grâce à la perspective, le rhabillage des deux femmes lui apporterait des détails plus exacts, des contours plus précis. Ce moment s'annonça par un grand bruit d'eau remuée, un barbotage général, pendant lequel il ne vit rien du tout, le trou propice se trouvant momentanément et hermétiquement bouché. Orlando ne pouvait deviner qu'un océan de chairs sans assignation déterminée. Le jour se fit enfin et il arriva ce qu'Orlando avait prévu : par-dessus le rebord de la baignoire, les objets reculés s'accentuaient. Dans le premier fouillis des peignoirs et des chemises déployés, il eut à portée de vue des fragments anatomiques plus complets : ici, une gorge entière ; là, des genoux ronds et blancs ; et même, selon le vers d'un poète ancien :

Un dos que rehaussaient des nudités rivales.

Si mon ami Orlando était à la noce, je vous le laisse à penser. Mais toutes les bonnes choses ont leur fin, et quelque lenteur que mirent les deux femmes à leur toilette, Orlando dut les voir recouvrir un à un tous les appâts dont l'exhibition avait été si libérale. Bientôt il n'en resta plus rien ; emmitouflées jusqu'au menton, elles sonnèrent pour s'en aller.

Que pouvait faire Orlando, après leur départ? S'en aller lui aussi. Il se revêtit donc, tout en pensant au tableau délicieux qu'il avait eu sous les yeux et qu'en sa qualité de peintre, il compara aux scènes découvertes de Baudouin et de Bouilly. Puis il vida consciencieusement sa baignoire, ainsi que le recommandait un avis collé à la muraille; et ganté, encore songeur, il se disposa à sortir.

Mais à ce moment, un nouveau bruit se produisit dans la chambre à côté; on entendit la voix d'une bonne disant :

— Par ici, madame.

Un froufrou d'étoffes signala l'entrée d'une nouvelle baigneuse.

Orlando s'était arrêté net.

Cette nouvelle venue allait quitter ses vêtements, se mettre nue à son tour, comme ses devancières, cette idée exaltait Orlando. Pourquoi ne resterait-il pas? Mais le moyen! Il avait vidé la baignoire et il s'était rhabillé. Or, on ne pouvait voir dans le cabinet voisin, qu'à la condition de se tenir accroupi entre les deux becs de cygne. Ces difficultés n'en furent point pour Orlando, qui, sans vouloir réfléchir au ridicule de sa situation, rentra tout habillé dans sa baignoire et s'y installa comme auparavant.

Il y était depuis quelques minutes, l'œil revenu au guet et le cœur palpitant des mêmes sensations, lorsque la porte s'ouvrit soudainement, et un garçon parut au seuil. Inquiet du long séjour d'Orlando après que son linge lui eut été apporté, ce garçon venait s'informer « *s'il n'avait pas besoin de quelque chose.* » Quel fut son étonnement en le trouvant au fond de la baignoire, en redingote et tout ganté !

Mais ce ne fut rien auprès de la honte prodigieuse dont se sentit envahir Orlando. Il tenta de balbutier quelques explications, dont voici le résumé :

— Ah ! oui, c'est vous, garçon..., c'est vous... Vous venez, oui... oui... Mon Dieu, c'est bien simple..., je passais..., comme on dit..., d'autant plus que... on croit quelquefois..., n'est-ce pas ?... Voilà, garçon.

Le garçon comprit-il ou ne comprit-il pas ?

Toutefois est-il qu'il se retira sans souffler mot.

Pour Orlando, il s'élança brusquement hors de sa baignoire, et recouvrant la parole, il apostropha lui-même à haute voix, — se traitant d'idiot, de brute, de gâteux, de ramolli, et proféra coup sur coup une demi-douzaine de jurons qui durent terrifier dans son bain sa voisine du côté des femmes.

Cinq minutes après, il était sur le boulevard.

LE POÊLE

ELLE avait bien froid, l'ouvrière qui venait deux fois par semaine, en hiver, repriser le linge à l'hôtel de Maignelay, — un des hôtels les plus tristes du faubourg Saint-Germain.

On la reléguait seule dans une grande salle basse d'un corps de logis retiré, assez loin du personnel domestique, avec lequel elle n'avait que de rares rapports. Cette salle était chauffée par un poêle en fonte de date ancienne ; mais quelque somme de combustible qu'il absorbât, ce poêle était souvent insuffisant à répandre la chaleur dans l'appartement.

L'ouvrière était une grande fille très majeure encore agréable et dodue « de cuir gent et poli, » comme disaient nos pères, qui avaient la métaphore imagée. On l'appelait Mlle Eustoquie Doucin.

Elle s'ennuyait ferme dans cette pièce sombre, et, comme je l'ai dit, elle y avait fréquemment froid. Alors, laissant là son ouvrage, elle se levait et s'approchait du poêle en fonte, en y présentant ses doigts pour les dégeler.

Une fois même, sûre de n'être pas dérangée, elle voulut y présenter autre chose. Jupes relevées, dans cette attitude chère, dit-on, à Mme de Staël, elle se réchauffait avec délices. Déjà la partie présentée, froide comme du marbre, dont elle avait la blancheur, commençait insensiblement à s'attiédir; déjà le grain de la peau, d'abord un peu rugueux, laissait place à une surface satinée, lorsque, tout à coup, un cri aigu échappa à Mlle Eustoquie Doucin. Son pied avait failli glisser, et, dans un mouvement involontaire, la partie en train de se chauffer avait porté sur le poêle incandescent. On avait entendu comme un grésillement de chair, et une odeur de brûlé se répandit immédiatement dans la salle.

La douleur fut cruelle et le cri poussé par

l'ouvrière retentit dans toutes les parties de l'hôtel de Maignelay. On accourut en toute hâte. Elle se tordait, sans répondre aux questions qu'on lui adressait, n'osant dire ce qui venait de lui arriver. Elle pouvait à peine marcher, mais elle ne pouvait pas non plus s'asseoir; c'était un supplice.

— Pauvre demoiselle Estoquie! disait la femme de chambre.

— Ce sont sans doute des coliques, ajoutait la cuisinière.

— Des coliques..., oui..., c'est cela..., murmurait la pauvre ouvrière.

— Il faut envoyer chercher un médecin.

— Il y en a un précisément dans la rue du Bac... Amenez-le vite, Pierre, dit la femme de chambre.

Les gémissements de la pauvre fille continuèrent jusqu'à l'arrivée du docteur. Elle frémit en s'apercevant qu'il était jeune. Les témoins jugèrent à propos de les laisser seuls.

— Maintenant, mademoiselle, dit le jeune homme, voulez-vous m'apprendre de quoi vous souffrez?

— Ah! monsieur, cela est bien pénible à dire!

— Où est le siège du mal?

— Là, dit-elle, avec un geste timide, là...

— Vous êtes tombée ?

— Non..., je me suis heurtée au poêle que voici en voulant me chauffer... et je me suis brûlée.

— Ah !

— Oui.

— Mais alors..., excusez la précision de mes demandes..., vous aviez donc découvert la partie molestée ?

— Oui, monsieur, murmura-t-elle.

— Voyons cela, fit-il avec la simplicité naturelle aux gens de sa profession.

— Oh ! monsieur ! vous n'y pensez pas ! s'écria Eustoquie Doucin, avec un inexprimable accent d'effroi.

— Mais si, vraiment..., c'est indispensable.

— Jamais de la vie !

— Sans cela pas de salut !

— Ne pouvez-vous m'indiquer un remède sans qu'il soit nécessaire... de voir ?

— Comment voulez-vous qu'on puisse, autrement que par la vue, juger de la gravité de la plaie ?

— La plaie, la plaie, avez-vous dit, monsieur ?

— Eh ! oui, mademoiselle, il y a sans doute déjà une plaie..., et c'est d'un premier examen que tout dépend.

— O mon Dieu !
— Allons, pas d'enfantillage, mademoiselle. Vous devez souffrir horriblement ?
— De plus en plus, monsieur.
— Décidez-vous.
— Mais... comment s'y prendre sans offenser la modestie..., demanda M¹¹ᵉ Doucin.
— La modestie n'a que faire où règne la douleur... Inclinez-vous, le corps en avant, sur ce fauteuil, et relevez vos vêtements, comme vous faisiez tout à l'heure... Ce n'est pas plus difficile.
— Cela vous plaît à dire, monsieur... ; tout à l'heure j'étais seule...

Et M¹¹ᵉ Eustoquie Doucin, poussant de gros soupirs, prenait la position indiquée.

Enfin, elle fit une pause et attendit.

Le jeune homme examinait en silence.

— Eh bien ! monsieur ? dit-elle entre deux sanglots.

— Hum !... il y a du dégât..., fit-il.

— M¹¹ᵉ Eustoquie tressaillit.

— M'en restera-t-il, demanda-t-elle d'une voix étouffée ?

— Oh ! certainement, mais...

Le silence recommença.

— Puis-je me relever, monsieur ? prononça-t-elle au bout de quelques instants.

— Pas encore, mademoiselle.
— Que regardez-vous donc si attentivement?
— C'est étrange! dit-il, plongé dans une rêverie profonde.

Voici le spectacle inattendu qui venait de s'offrir à ses yeux : sur un des globes jumeaux de l'ouvrière, il avait aperçu distinctement le chiffre 1760 imprimé en rouges caractères.

— Mais enfin, monsieur, je ne puis rester tout le jour dans cette position!
— Ah! mademoiselle, si vous saviez...
— Qu'y a-t-il?
— Vous êtes marquée!
— Marquée! que voulez-vous dire?
— Les chiffres sculptés en relief sur ce poêle se sont incrustés dans votre chair. On lit : 1760!
— 1760! est-ce possible, monsieur? s'écria Mlle Eustoquie Doucin, en se dressant tout à coup?
— Hélas! oui, mademoiselle.
— Mais c'est une horreur!
— Une originalité tout au moins.
— Et je resterai ainsi, datée pour toute la vie?
— Oh! non... Cela s'effacera peu à peu, mais vous en aurez peut-être pour assez longtemps.
— Guérissez-moi, monsieur, guérissez-moi, je vous en prie!

— Je le voudrais, mademoiselle, de tout mon cœur, mais...

— Mais quoi? Vous n'êtes donc point médecin?

— Je suis dentiste.

ÉPILOGUE

La convalescence de Mlle Eustoquie Doucin fut longue; elle n'y épargna rien : bains, pâtes, crèmes, cérat, glycérine, onguents. Au bout de deux ans, après avoir, tous les jours, interrogé son armoire à glace, elle se crut définitivement guérie. Toutes les cicatrices avaient disparu, surtout la plus redoutable, la date de 1760. Rien ne s'en voyait plus; un océan de blancheur y avait succédé.

Eustoquie Doucin se maria.

Elle épousa un égrillard au noir sourcil, aux larges épaules, qui ne lui fit pas regretter le temps perdu, un véritable payeur d'arrérages. Tous les deux aimaient à jouer, et ils jouaient tous les jours. Une fois, entre autres, ils jouaient à la main-chaude d'une façon un peu libre peut-être, et dans un déshabillé qu'excusait la saison automnale.

Les claques pleuvaient, données, reçues, à travers les éclats de rire. Une d'elles fut si vigoureusement appliquée par le mari qu'il en eut des regrets et qu'il craignit d'avoir blessé sa chère femme. Il y voulut voir. Eustoquie résista, mais elle ne fut pas la plus forte.

Le mari poussa une exclamation de surprise...

La claque avait été si formidable qu'elle avait fait ressortir en rouge les chiffres diaboliques : 1760.

Fatalité !

LA VENGEANCE

DU MÉDECIN

Si la reine de Navarre revenait au monde, — hélas! on n'en voit plus, de ces majestés gaillardes! — elle ne manquerait pas de choisir la ville de Nice comme théâtre de quelques-unes de ses hardies *Nouvelles nouvelles*. Nice est, en effet, agencée merveilleusement pour ces sortes d'aventures; aussi n'y a-t-il pas de jour qui n'amène son scandale, et ce ne sont plus, comme dans la reine de Navarre, histoires de moines et de marchands, quiproquos de maîtresses et de servantes, bousculades d'auberges, niaises mises à mal, galantes batelières, — car la comtesse couronnée se contentait de tout un petit monde bourgeois et populaire, — mais nobles équipées entre grandes dames et seigneurs, parties fines dans les villas somptueuses, frasques éhontées en plein soleil.

Encore une, le mois dernier, et à la suite de laquelle trois personnes ont dû quitter la ville des orangers.

Tout le monde, depuis la promenade des Anglais jusqu'à Villefranche, se souvient du docteur Vingtras, un docteur absolument mondain, grand, *bien bâti,* comme auraient dit nos aïeules. Le docteur avait eu des bonnes fortunes célèbres. On le savait particulièrement assidu auprès d'une brillante Espagnole, connue sous le nom de Mme Hernandez. Le docteur était-il son amant ? Tout le monde ne l'aurait pas parié; mais tout le monde en aurait juré. D'ailleurs, soit en qualité de courtisan, soit en qualité de médecin, il avait ses grandes et petites entrées chez Mme Hernandez à toute heure du jour.

Or, voici ce qui arriva au docteur Vingtras, un matin qu'il était sorti pour rendre visite à la belle étrangère. Ne trouvant personne dans l'antichambre, personne dans les salons, par une absence inexplicable des domestiques, il poussa jusqu'à la chambre à coucher. Là, il hésita, la main sur le bouton de la porte, comme s'il avait eu conscience de sa témérité. Mais un bruit singulier qu'il crut entendre, quelque chose comme un susurrement d'oiseaux, le décida au lieu de l'arrêter. Ai-je dit que le docteur, un de nos spécialistes distingués, avait au plus haut degré la spécialité de la jalousie? Il ouvrit donc la porte et écarta une tapisserie.

Quel spectacle s'offrit à ses yeux? Il eût été ravissant pour un autre que pour lui. La brûlante senora était dans les bras d'un jeune duc italien. Un cri strident s'échappa au même instant des deux poitrines confondues. Le désenlacement eut la durée d'un éclair; l'un et l'autre se retrouvèrent sur pieds, comme dans une féerie. Le docteur Vingtras était resté immobile et sombre. Avant de recevoir la bordée prévue de Mme Hernandez, il eut le temps d'adresser ces mots à son rival :

— J'espère que M. le duc de Grignolino voudra bien me faire l'honneur de passer chez moi dans la matinée de demain.

Le petit duc de Grignolino le regarda d'un air effaré et s'inclina sans mot dire.

Au fond, le docteur Vingtras était indigné. Se voir préférer cet être greloteux, blême, cet avorton ducal, lui semblait une chose inadmissible. Et tout en se promenant le long du Paillon, il rêvait à une vengeance comme on en verrait peu.

Pendant ce temps, le duc de Grignolino, après avoir été jeté à la porte par Mme Hernandez, se livrait à ses réflexions en arpentant la baie des Anges, et se trouvait vraiment bien bon d'avoir accepté le rendez-vous irrégulier du docteur Vingtras.

Pourquoi le docteur n'avait-il pas procédé comme tout le monde, et ne lui avait-il pas envoyé une couple de témoins, s'il croyait avoir à se plaindre de lui? Le petit duc était bien tenté d'oublier cet incident; mais son silence en présence de l'invitation du docteur n'avait-il pas été une sorte de consentement?

Il se résolut donc à aller chez l'Esculape niçois.

C'était l'heure de ses consultations.

Le duc de Grignolino fut introduit par le valet de chambre dans le salon commun où attendaient plusieurs malades.

Le duc voulut protester et dit au valet de

chambre qu'il s'agissait d'un rendez-vous exceptionnel. Celui-ci répondit que pour rien au monde son maître n'interrompait ses consultations.

— D'ailleurs cela ne sera pas long, monsieur.

Le duc consentit donc à attendre.

Mais il était légèrement agacé lorsque son tour fut venu et qu'il se vit devant le docteur Vingtras.

Celui-ci, vêtu d'une robe de chambre entièrement noire, le regarda longtemps avec attention.

— Comment va votre santé, monsieur le duc, lui dit-il enfin ?

Le jeune duc ne s'était pas attendu à cette question. Ses traits manifestèrent son étonnement.

— Donnez-moi votre pouls, continua le docteur.

Et il ajouta :

— Peu de fièvre... Ainsi, monsieur, rien ne s'est encore déclaré ?

Le duc fit un mouvement et pâlit.

— Veuillez vous asseoir, je vous prie..., je vais vous écrire une ordonnance.

— Une ordonnance !

— Ne suis-je pas médecin ?

— Ah ! ciel ! s'écria le petit duc, comme si un voile s'était déchiré devant lui.

Le docteur, ayant écrit son ordonnance, la lui tendit poliment.

Le duc de Grignolino ne put s'empêcher d'y jeter les yeux et lut, à travers ses paupières troublées, quelques mots comme ceux-ci : « Tartre stribié..., cubèbe..., arenaria rubia..., trois pilules par jour... Privation absolue de vin, de thé, de café, etc..., etc... »

— Revenez me voir, monsieur le duc, dit le docteur Vingtras avec une expression infernale dans le regard.

LE GRELOT

E vous donne ceci pour un des plus jolis contes du XVIe siècle. Il vaut *Thémidore* et le *Sultan Mirapouf*. Et, sans plus de préambule, j'entre tout de suite en matière.

Il est sept heures du soir, ce qu'on appelle entre chien et loup. L'Abbé, le Militaire, le Fermier-Général, sont réunis chez une actrice de l'Opéra dans sa petite maison du faubourg. La conversation, qui a, sans doute, épuisé tous les sujets, est tombée sur les livres, c'est-à-dire sur les romans.

Quelqu'un tire alors de sa poche un mignon

petit volume relié et doré sur tranche, tout récemment sorti des presses clandestines du libraire Cazin, qui en est à son troisième voyage à la Bastille. L'Abbé s'offre à en donner la lecture; on accepte. Un laquais allume les bougies, ferme les rideaux et les portes. On écoute.

Voyons cela.

Laissez-moi vous présenter le prince Aloès; c'est le plus beau, le plus accompli des princes, et en même temps le plus infortuné. Mais son infortune ne ressemble à aucune infortune connue, comme vous allez en juger. Vainement les fées rassemblées autour de son berceau l'ont doté de mille avantages; une d'elles, la dernière arrivée au rendez-vous, — l'éternelle fée méchante de tous les contes, — a neutralisé la plupart de ces dons brillants.

D'un coup de sa baguette, elle a suspendu un grelot au nez du petit prince Aloès, un véritable grelot, monstrueux et sonore.

On s'imagine aisément le désespoir de la famille régnante. Quelle figure peut aspirer à faire dans le monde un héritier du trône ainsi disgracié? Gouverne-t-on les peuples avec un grelot sur le nez? Évidemment non.

Les médecins du royaume, appelés immédiatement, se sont prononcés contre une opération qui pourrait mettre la vie du prince Aloès en danger.

Dans cette circonstance, la Reine se souvient d'un Génie, pour lequel la chronique prétend qu'elle a eu jadis de tendres faiblesses, et elle va le consulter.

— Hélas! chère madame, lui dit le Génie, mon pouvoir est inférieur à celui de la fée Méchante; je ne peux défaire ce qu'elle a fait. Tout ce que je puis...

— Parlez! oh! parlez, Raoul! dit la Reine.

— C'est de déplacer le grelot et de le reporter dans un endroit du corps moins en vue.

— ?

— Oui, Majesté.

— Mais, je n'en demande pas davantage! s'écrie la Reine avec reconnaissance; cela sauvera du moins l'honneur de notre dynastie.

Où le Génie avait-il placé le grelot?

C'est ce qu'on apprendra dans peu de temps.

En attendant, l'éducation du prince Aloès ressemble à toutes les éducations princières. On lui cache les choses les plus importantes de la vie, et surtout, d'après la recommandation de la Reine, on le laisse dans l'ignorance la plus complète de l'anatomie humaine. On évite de lui faire fréquenter les bains publics. De cette façon, Aloès se croit pareil en tout aux autres hommes.

Cependant, la Reine ne peut s'empêcher de jeter de temps en temps sur lui des regards singuliers...

Aloès voyage ; il se forme, il hante les belles sociétés. Voici qu'il touche à l'âge critique, qu'il devient rêveur, qu'il pousse des soupirs à tout bout de champ. Son cœur parle, son cœur bondit : il est amoureux. Il brûle pour une jeune veuve, un peu prude, comme il en faut aux débutants.

Un matin, il se présente à sa toilette et a le bonheur de la trouver seule. Il s'asseoit à côté d'elle et ne tarde pas à gesticuler. Sa main va soulevant une palatine qui lui laisse entrevoir un double chef-d'œuvre orbiculaire.

— Finissez, prince, ou je me verrai obligée d'appeler mes femmes! murmure faiblement Zoïra (elle s'appelle Zoïra).

Aloès ne l'écoute pas, il est à ses genoux ; il dévore ses mains de caresses. Elle n'oppose plus qu'une molle résistance à ses transports.

Tout à coup un bruit étrange se fait entendre : *Drelin din din, drelin !*

C'est le grelot qui trahit sa présence.

Repousser Aloès et se redresser de toute sa taille, c'est pour Zoïra l'affaire d'une demi-seconde.

— Eh quoi ! lui dit-elle, après avoir voulu abuser de ma faiblesse, vous poussez la noirceur jusqu'à sonner pour me perdre !... Sortez, prince, sortez, et ne reparaissez plus devant mes yeux !

Dire les réflexions qui assaillent l'esprit d'Aloès au lendemain de cette *bonne fortune*, cela n'est pas aisé. Il devine plusieurs choses, il n'en comprend pas plusieurs autres. Il s'en ouvre à son précepteur, qui balbutie et devient de toutes les couleurs.

— Qu'ai-je donc de si extraordinaire dans ma personne ? lui demande-t-il.

— Rien, Altesse, rien, je vous le jure ! répond le cuistre en tremblant de tous ses membres.

— Est-ce que ce grelot.....

— Ce grelot, illustre seigneur, est un ornement qui vous est commun avec tous les princes vos confrères.

— Ah !
— Oui.
— Tu es sûr, gouverneur, que tous les princes ont un grelot ?...
— Sans exception, répond effrontément le gouverneur.

N'importe, l'inquiétude est entrée dans l'esprit d'Aloès. Il passe la journée dans une sombre méditation.

— Après tout, se dit-il, toutes les femmes ne sont pas aussi ignorantes que Zoïra. Je suis peut-être le premier prince qu'elle ait vu. Portons mes hommages ailleurs.

On est justement en carnaval. Le prince Aloès s'en va au bal, comptant sur une passade ; il s'est déguisé et masqué jusqu'aux dents. Son espoir n'est pas déçu : plusieurs beautés viennent le lutiner ; il s'engage avec l'une d'elles et obtient de la reconduire à son logis.

Là, il devient pressant. Il n'a pas de grandes sévérités à vaincre ; on fait pour lui la moitié du chemin ; sa flamme est sur le point d'être couronnée.

Drelin din din, drelin !

— Quoi ! s'écrie la belle en éclatant de rire, vous avez poussé la mascarade jusqu'à...

Aloès se relève furieux.

A ce moment, l'auteur anonyme du *Grelot* ouvre une parenthèse pour nous faire part des réflexions que suggère aux hôtes de la petite maison la lecture de ce roman.

Le Financier, qui a plusieurs fois donné des marques d'impatience, s'écrie :

— Ce prince est décidément un homme à jeter par les fenêtres ; il est insupportable avec son grelot... Que n'y mettait-il du coton ?

— Peut-être n'était-il pas percé de façon à pouvoir être bouché ainsi, objecte l'Officier.

— Ah ! voilà comme un rien embarrasse les gens !... En ce cas-là, j'y aurais coulé bien délicatement de la cire.

— L'auriez-vous pu sans faire courir des risques affreux au prince? réplique le Militaire.

— La belle difficulté ! continue le Fermier-Général ; on vous prend un homme, on vous le place...

— Fi! interrompt l'actrice, n'allez-vous pas nous faire une description à votre manière? Vous voyez bien que médecins et chirurgiens y avaient perdu leur grec, et que tout est surnaturel dans cette aventure. Continuez, l'Abbé.

L'Abbé continue.

On assiste encore à plusieurs tentatives du prince Aloés; une d'entre elles s'annonce assez heureusement. Il a soupé en tête-à-tête avec Almazine. Les esprits pétillants du champagne lui inspirent les plus jolis compliments du monde; il va profiter de l'occasion, lorsqu'une femme de chambre a la malencontreuse idée d'apporter la petite chienne favorite d'Almazine.

— Hé, bonjour, Follette! s'écrie Almazine en la mettant à table auprès d'elle.

Le prince est oublié; il veut reconquérir ses droits; la chienne grince des dents. Pourtant, il parvient à entraîner Almazine sur une ottomane. Éloquent, persuasif, il a regagné en peu de temps le terrain qu'il avait perdu; son triomphe s'apprête...

Drelin din din, drelin!

C'est le grelot.

Cette fois, on semble résolu à le laisser sonner.

Mais la petite chienne est tombée en arrêt; elle se hérisse, elle aboie, elle écarte les pattes; enfin, elle s'élance sur l'objet de sa colère et ne veut pas lâcher prise...

Des laquais accourent, croyant à un accident. Quel tableau digne de Fragonard en gaieté.

Toutes ces mésaventures (et j'en oublie à dessein) sont bien faites pour décourager un homme moins obstiné que le prince Aloès. Mais il a juré d'avoir le dernier mot dans ce duel bizarre avec l'amour.

Les boudoirs ne lui réussissant pas, il essaie des bosquets. Nouvelle contrariété. Il s'est placé trop près d'un essaim d'abeilles : le bruit du grelot les appelle, elles fondent sur lui, le piquent, le martyrisent.

Il y a un dénouement à tout, il y en a un au *Grelot,* mais je n'en suis pas content. L'auteur a imaginé que le grelot se détachait et disparaissait dans un coup de tonnerre. Trop facile, en vérité.

J'avais trouvé un autre dénouement plus ingénieux, selon moi, et tiré du fond même du sujet. La fée Méchante s'humanisait et promettait de désenchanter le prince Aloès lorsqu'il aurait rencontré une femme qui se serait éprise sérieusement de lui et ne se serait point moquée du grelot.

Alors le prince Aloès épousait une sourde.

GAILLARDISES MILITAIRES

D E tout temps, les militaires ont eu la prétention d'être irrésistibles en amour. Je ne remonterai pas plus haut que les soldats de Louis XV, les Jolicœurs, les Latulipes élégants, bien astiqués. Que de cœurs suspendus aux crocs de leurs moustaches ! Cette tradition galante fut continuée et vulgarisée par les troupes victorieuses du premier Empire, gens à plumets, à sabretaches, à passementerie, qui, à les en croire, ne connurent jamais de cruelles. Ils exécutèrent, pendant longtemps, à travers tous les pays du monde, non seulement une chasse à l'homme, mais aussi une chasse à la femme.

Cette éruption de sentiments « à la grenadière » engendra une littérature spéciale, grasse, joviale, grossièrement enluminée, et dont Pigault-Lebrun a donné les spécimens les plus réussis. Et ce fut bientôt toute une école de romanciers à la suite ; les cabinets de lecture eurent un casier particulier où vinrent s'approvisionner les grisettes : après *Les Barons de Felsheim*, ce furent *Le Major autrichien*, *Amour et gloire*, *Les Aventures d'un hussard français*, *Les Amours d'un aide de camp de Barras*, etc., écrits dans une phraséologie particulière, où le grotesque le dispute à la sensibilité, où la mythologie apporte des images bouffonnes, documents oubliés d'une période disparue.

En rangeant ma bibliothèque, — ou du moins ce qui reste de ma bibliothèque, — je viens de feuilleter un de ces romans extravagants et caractéristiques à la date de 1815, intitulé : *Folie et raison*. Il m'a semblé qu'en donner quelques extraits serait aussi intéressant et aussi amusant que de promener mon lecteur sur le boulevard de Gand d'autrefois.

Ce roman est anonyme ; mais, à quelques

indiscrétions semées pendant le cours de l'ouvrage, il est facile de deviner qu'il a pour auteur le fils d'un conventionnel célèbre. Sa famille existant encore, je ne prononcerai pas son nom; je ne le désignerai que sous celui de Julien. Il ne fera qu'y gagner d'ailleurs, car le rôle qu'il joue dans cette autobiographie n'est pas toujours à son avantage.

On l'y voit d'abord mener une enfance et une jeunesse de dissipation, ébaucher une intrigue dans un pensionnat de demoiselles; car, dès ses plus tendres années, son cœur a battu pour ce « sexe enchanteur. » Puis, à seize ans à peine, il donne dans les actrices; il devient un habitué du théâtre des Jeunes-Élèves, rue de Thionville. La séduisante Aldegonde embrase son imagination. Mais, quoi! ce n'est qu'un petit bonhomme à ses yeux. Lui-même comprend vaguement qu'il ne pourrait s'annoncer chez elle sans cadeaux. Il maudit la destinée qui l'a fait naître sans fortune. Ces réflexions malséantes le conduisent insensiblement à commettre une indélicatesse. Il a un oncle extrêmement bon : il lui emprunte son cabriolet et va le vendre.

Laissons parler Julien après sa faute :

« Mon or en poche, je ferme l'oreille au cri

de ma conscience, et je n'envisage que le bonheur de revoir ma piquante Aldegonde. Un peu plus hardi, et me sentant un homme moins à dédaigner, j'écris, je déclare mon amour, je demande un rendez-vous : nulle réponse. Au théâtre, on daigne bien m'honorer de temps en temps d'un regard complaisant; mais cela ne me suffit pas. Lassé d'une réserve aussi déplacée, je me venge en écrivant à une autre actrice, et je lui propose une partie à Saint-Cloud. On accepte. Un dîner exquis, assaisonné d'un vin de Champagne délicieux, me rend ce tête-à-tête ravissant; les fumées de Bacchus agissaient fortement sur moi; ma gentille compagne semblait défier son jeune complaisant; la valse *(sic)* avait mille charmes pour elle. Comment lui refuser ? Quelle grâce ! quelle souplesse ! Nos têtes tournent, nous chancelons; un sopha se trouve à propos; ma jolie danseuse veut se relever; il n'est plus temps; entraîné dans sa chute, je rends hommage à ses lèvres de rose, et j'admire deux jolies *boules d'ivoire*. Mon magnétisme achève de faire perdre connaissance à mon aimable espiègle; elle me serre dans ses bras; l'heure du combat a sonné; en vaillants guerriers, nous luttons corps à corps; bientôt, je me vois maître de la place, où je cueille à l'envi des myrtes que j'offre à la tendre mère des amours. »

Voilà comment parlaient les libertins du temps. Et ne croyez pas qu'ils soient jamais à court de métaphores ; les *boules d'ivoire* vont se transformer tout à l'heure en une *mappemonde plus blanche que la neige*.

Cette escapade est punie d'un mois de prison par les parents de Julien ; mais notre héros n'en demeure pas plus corrigé. Au bout de quelques années, il se décide à s'enrôler comme dragon dans le régiment d'un de ses amis. On lui délivre une feuille de route pour Modène ; il part ; il est parti. Nous avons l'inévitable voyage en diligence avec le moine, la nourrice et la courtisane. On traverse les Alpes ; Joseph est un enthousiaste des beautés de la nature. Les chemins sont effrayants et magnifiques ; le fromage est délicieux. Ce n'est pas sans avoir couru quelques dangers qu'on atteint la petite ville de Suze. L'entrée de Julien dans la première hôtellerie a la bruyance d'une fanfare :

— « Allons, morbleu ! de la gaieté ! Le danger a disparu : ne songeons qu'à nous divertir... La fille !

— « Monsieur ?
— « Qu'elle est jolie ! Il faut que je t'embrasse.
— « Finissez, monsieur !
— « Finir ? Y penses-tu, ma jolie enfant ? Un dragon ne se lasse jamais en amour comme en guerre.

« Bientôt le signal du dîner est donné ; on fait honneur au vin, on s'oublie à table. Mais il faut aller sommeiller.

— « Allons, des chandelles !... Mon lit me paraît délicieux. Est-ce toi qui l'as bassiné, jolie Nanette ?
— « Oui, monsieur le militaire.
— « Ah ! je ne dormirai pas de la nuit !
— « Vous vous moquez toujours, réplique Nanette.

« Et moi de sauter à bas du lit ; elle de s'enfuir et de me fermer la porte au nez.
— « Bonsoir, reposez bien, et surtout prenez garde aux rhumes ! »

La note est donnée ; ce ton du monologue et de l'apostrophe, Julien ne le quittera presque plus désormais, pas plus que celui de la fatuité. Voyez comme il parle déjà de la guerre, ce blanc-bec qui n'a pas encore senti la poudre ! Arrivé à sa garnison, il se fait conduire chez son major, pour lequel il a une lettre de recommandation ; le major le toise et le nomme fourrier d'une compagnie qu'il vient de former. Fourrier ! Julien ne se possède pas d'orgueil. Il contemple à chaque heure du jour les insignes de son grade ; il dîne et soupe le casque sur la tête et le sabre au côté ; et, pour son coup d'essai à l'étranger, il séduit... sa blanchisseuse.

Mais un « militaire français » ne peut se contenter de si peu ; il porte tour à tour ses hommages aux « brûlantes » Italiennes de la contrée : aux Ninas, aux Térésinas. Bientôt il n'est bruit que des exploits amoureux du jeune fourrier. Ses camarades le jalousent ; ils le guettent, et ramassent une échelle de corde aux armes du régiment, oubliée par lui sous un balcon. Ils la portent avec un malin triomphe chez le commandant de la place, qui fait demander Julien. Heureusement que c'est un excellent homme.

« Il avait une femme charmante ; devais-je me faire prier?

— « Qu'y a-t-il pour votre service, mon commandant ? » et je le salue, et je me plais à considérer les beaux yeux de son intéressante compagne. On rougit : cela est flatteur pour moi.

— « Monsieur, j'ai appris que vous aviez une échelle à la marque du régiment.

— « Il est vrai, mon commandant. Un militaire français n'est jaloux que de moissonner des lauriers ou des cœurs ; je ne puis donc être soupçonné que d'une intrigue amoureuse, et je crois qu'il n'est pas défendu de pénétrer dans un endroit, avec la permission de ce qu'on aime. (Sa jolie moitié sourit en baissant les yeux.)

— « Je crois bien, monsieur, en effet, que vous n'avez pas de mauvaises intentions, mais rendre des visites nocturnes, entrer par les fenêtres, c'est risquer de compromettre...

— « Telle était ma seule crainte ; aussi suis-je venu précipitamment me déclarer l'étourdi en question. (Et la trop séduisante commandante me fixe attentivement.)

— « Allez, monsieur le fourrier, prenez mieux vos précautions une autre fois, et si vous voulez m'en croire, servez-vous le moins possible d'échelles de corde.

« Je salue M. le commandant de place ; mes yeux disent adieu à sa jeune épouse ; qu'ils seraient heureux de pouvoir toujours se reposer sur elle ! »

Jusqu'à présent on n'a eu affaire qu'à un Julien étourdi, qu'à un écervelé. On n'est donc pas peu surpris, tout à coup, de le voir déserter en compagnie d'un de ses amis nommé Derville. Tous les deux ont à se plaindre d'une injuste condamnation à quinze jours de salle de police; le service leur est devenu odieux. Ils décampent à la nuit et filent du côté de Gênes. Tremblant d'être poursuivis, la bourse maigre, ils ne tardent pas à se repentir de leur faute; mais l'amour-propre les empêche de reculer. Tout en cheminant, ils s'occupent de leurs moyens d'existence, Julien dit à Derville, en affectant un air délibéré.

— « Une fois à Gênes, nous aviserons aux moyens de nous procurer quelque emploi.

— « Oublies-tu que nous sommes déserteurs?

— « Eh! bourreau, j'y songe le moins possible! Quelle nécessité de se rouler sur des épines? Tu as du goût pour le théâtre; je suis fou de Thalie; j'ai déjà fait quelques petites pièces; nous chausserons le brodequin comique; et, à l'imitation des célèbres Molière et Picard, nous contribuerons en personne aux succès de nos ouvrages dramatiques; qu'en dis-tu?

— « Ma foi, ce plan me sourit assez.

— « En attendant, donnons encore un souvenir à l'amour : gravons sur cette pierre le nom de Rosine.

— « Et moi, sur cet arbre, le nom de Thérèse. »

Ils sont interrompus tout à coup dans leur besogne romanesque par deux gendarmes à cheval qui conduisent des hommes les mains liées. Involontairement, nos amis tressaillent. Un des gendarmes regarde Julien, — mais son costume de fourrier, qu'il a conservé, avec ses deux galons d'argent partageant le bras, semblent lui imposer. Enfin, ils sont passés...

Je ne poursuivrai pas plus loin le récit des aventures de ces deux mauvais sujets. Qu'il suffise au lecteur de savoir qu'ils furent ramenés à Modène, et traduits devant un conseil de guerre qui les acquitta, après une admonestation sévère; que plus tard ils se battirent admirablement; que plus tard encore... Mais en voilà assez; je n'ai voulu que donner un aperçu d'un genre ridicule, absolument tombé en désuétude, comme dit Bescherelle. Grâce au ciel, le roman militaire moderne a meilleure et plus digne figure que *Folie et Raison;* Paul de Molènes, Alphonse de Launay, Rivière, l'ont replacé au rang d'où il n'aurait jamais dû descendre.

L'ÉCHO

IX fois, monsieur le chevalier?
— Six fois, madame la baronne.
— Vous avez un écho qui répète six fois la même chose?
— Mot pour mot.
— Mais c'est un écho miraculeux, savez-vous?
— Oh! il y en a de plus surprenants encore, baronne. Témoin l'écho du couvent des Carmes de Périgueux qui va jusqu'à douze.
— L'écho du couvent des Carmes va jusqu'à douze?
— Oui, baronne!

— Ces moines sont vraiment des gens privilégiés... Et vous n'avez pas pu, chevalier, pousser le vôtre également jusqu'à douze ?

— Hélas ! non, madame.

— Mais comment est-ce donc fait, un écho ? je n'en ai aucune idée. Cela a-t-il une bouche, des oreilles ?

— Si vous voulez bien me le permettre, madame la baronne, j'aurai l'honneur de vous montrer le mien. Nous sommes voisins de campagne, nos propriétés se touchent...

— C'est vrai, chevalier.

— Et si vous voulez bien prendre jour... ou soir...

— Comment, chevalier, votre écho travaille aussi le soir ?

— A toute heure, baronne.

— C'est inimaginable !

— Vous n'aurez qu'à accepter mon bras, et à vous laisser conduire au bout de mon parc dans un petit cabinet de verdure, que j'ai fait arranger tout exprès, et d'où l'on entend particulièrement l'écho.

— Ma foi ! je suis curieuse à l'excès, chevalier, et je cède à votre invitation. Fixez un jour vous-même.

— Eh bien ! demain...

— Demain, soit, mais à une condition.
— Laquelle?
— C'est que je ne veux me rencontrer avec personne dans votre cabinet, surtout avec aucune de ces dames du voisinage.
— Quelle idée! me croyez-vous assez indiscret?...
— Voyons, est-ce que Mme de Livron ne connaît pas votre écho?
— Pas du tout, baronne.
— Ni la petite générale?
— Je vous jure...
— C'est bien; vous comprenez mes justes susceptibilités.
— L'écho ne fonctionnera que pour vous seule et ne fera fête qu'à vous seule.
— A la bonne heure! à demain, chevalier!
— A demain, madame la baronne.
— Six fois..., vous l'avez promis?
— Vous verrez!

Elle était jolie comme un cœur, la baronne Eudoxie de Lauriflame, avec une nuance de naïveté voulue, qui la rendait encore plus attrayante. Elle continuait la tradition *des chercheuses d'esprit* du XVIIIe siècle, et y réussissait à ravir. Il vous importe peu, après cela, de savoir quel était son mari et où était son mari. Du moment que le chevalier ne s'en préoccupait pas lui-même, ce mari n'existe pas plus pour nous que pour le chevalier.

Un charmant jeune homme, ce chevalier de Léognan! le jeune homme de tous les temps et de toutes les amourettes.

On n'a pas de peine à deviner que la baronne fut exacte au rendez-vous: elle y vint accompagnée d'une seule femme de chambre. De son côté, le chevalier guettait la baronne avec impatience du haut d'un perron; il éprouvait pour elle un vif sentiment qu'il sentait grandir, de jour en jour, depuis que les hasards d'un séjour à la campagne la lui avaient fait connaître.

Il laissa éclater toute sa joie dès qu'il l'aperçut.

La femme de chambre fut consignée dans les appartements, et bientôt le jeune couple se dirigea vers le chemin de l'écho, avec la gaieté qu'on met à une partie de plaisir.

Arrivé à un certain endroit où les arbres formaient un berceau ombreux, le chevalier dit à la baronne:

— C'est ici!

— Ici? murmura-t-elle avec les apparences de l'émotion.

Et levant ses beaux yeux sur lui:

— Eh bien ! commencez, dit-elle naïvement.
Le chevalier s'empressa d'obéir, et prenant son attitude la plus triomphante, il lança d'une voix sonore cette phrase retentissante :
— J'aime Eudoxie de Lauriflame !
On eût dit une clameur de coq.
L'écho ne se fit pas prier pour redire cette déclaration à pleins poumons. Il la répéta deux fois, trois fois, quatre fois, presque sans reprendre haleine :
— J'aime Eudoxie de Lauriflame !
La baronne était émerveillée.
Il y eut une légère interruption entre la cinquième et la sixième fois, et pour cette dernière le ton baissa sensiblement.
Mais qu'importe ? Le programme annoncé avait été exécuté dans son entier, et la baronne en fit tous ses compliments au chevalier.
— Vous avez là un fort bel écho, monsieur de Léognan, lui dit-elle ?
— Un peu inégal, sans doute, répondit-il modestement ; il a ses jours..., mais si vous voulez bien revenir...
— Certainement, chevalier !
— Il fera mieux, je l'espère !
— Il fait déjà très bien comme cela.
Et l'on se salua cérémonieusement.

L'aimable baronne Eudoxie de Lauriflame fit de fréquentes visites à l'écho du chevalier de Léognan; elle en revenait chaque fois enchantée.

Une fois cependant, son joli visage exprima une petite moue, qui n'échappa point au chevalier.

— Qu'avez-vous, chère amie, lui demanda-t-il?

On en était depuis quelque temps à : chère amie.

— Moi? rien, je vous assure.
— Si fait, vous avez quelque chose.
— Eh bien! reprit-elle d'un air moitié riant, moitié sérieux, votre écho n'a répété que cinq fois aujourd'hui.
— Vous croyez?
— J'en suis sûre.
— Vous avez mal compté?
— Non, non, non, dit-elle en tapant de son pied; cinq fois! je suis très forte en arithmétique.
— Je le vois, fit à voix basse le chevalier.

Il n'en fut que cela ce jour-là.

Mais l'écho s'avisa d'avoir des oublis et des faiblesses autrement caractéristiques.

La baronne ne put s'empêcher d'en faire la remarque, un peu plus aigrement, au chevalier.

— Décidément, votre écho baisse, lui dit-elle; il vieillit: on ne l'entend presque plus.

— On s'en aperçoit, baronne?

— Absolument! je crois qu'il aurait besoin de réparations.

— C'est bien possible; je l'ai peut-être surmené..., il faut le laisser reposer pendant quelques jours. Qu'en dites-vous, madame?

— C'est votre affaire, monsieur.

Enfin, une dernière fois, l'écho s'arrêta piteusement à deux.

Ce fut sa condamnation.

Et, à partir de ce jour, l'adorable petite baronne Eudoxie de Lauriflame désapprit définitivement le chemin de l'écho de son voisin de campagne.

LA LETTRE

DE RECOMMANDATION

ÉLÉGAMMENT parée, ombrelle en main, très en beauté, vive, gracieuse, telle qu'une élégante corvette qui s'apprête à fendre la lame, Mme Jumièges pénètre rapidement dans le cabinet de travail de son mari.

— Mon ami, je sors, lui dit-elle.
— Fais à ta guise, mon amie, lui dit-il sans s'interrompre d'écrire.
— Je n'en ai pas pour longtemps..., deux heures de courses à peu près... Ne t'absente pas avant que je sois rentrée.

— Pourquoi? demande Jumièges en relevant la tête.

— Une idée à moi... Je tiens à te savoir à la maison lorsque je suis dehors.

— C'est bien, je resterai ici.

— Pendant deux heures?

— Pendant deux heures, puisque cela te fait plaisir.

— A propos, comment va ton drame?

— Couci, couci... C'est mon collaborateur qui ne va pas. Ce Villafort est un fainéant insigne, il ne peut pas venir à bout de son prologue.

— En vérité, je ne sais pas où tu vas pêcher tes collaborateurs! je ne peux pas le sentir, ton M. Villafort... Adieu, mon bien-aimé.

Et Mme Jumièges, soulevant un coin de sa voilette rose, effleure de ses lèvres le front de son mari, qui lui dit:

— Adieu, ma chère Marthe!

— Surtout, ne bouge pas d'ici pendant deux heures, ajoute-t-elle.

Resté seul, Jumièges marmotta machinalement:

— Ne bouge pas..., ne bouge pas..., c'est drôle!

Et il se remit au travail.

Tout à coup on frappe à sa porte, et un domestique vient lui dire :

— Monsieur, c'est un jeune homme qui demande à vous parler; il a une lettre de recommandation de M. Villafort.

— Eh bien! faites-le entrer.

Il entre, le jeune homme annoncé; son aspect est timide : il tient une lettre à la main. Jumièges flaire tout de suite un débutant littéraire; il ne se trompe pas. Il a décacheté la lettre de Villafort, et voici ce qu'elle contient :

« Mon vieux complice,

« L'adolescent qui te remettra cette épître, s'appelle Séverin de Brouseilhes; il est du pays de Narbonne et a encore du miel aux lèvres, c'est-à-dire qu'il cultive les Muses, comme on dit chez lui. Il brûle du désir de te communiquer un poème sur les Albigeois. J'avais pensé d'abord à l'adresser à Mme Adam, mais elle n'est pas à Paris. Je te l'envoie, parce que je sais combien tu aimes *les jeunes,* ces jolis petits *jeunes,* — qui nous reconduisent à grands coups de pieds dans le derrière. Soigne bien le Séverin de Brouseilhes, prodigue-lui tes conseils, guide ses premiers pas dans la carrière littéraire. Tu me remercieras plus tard de t'avoir aidé à couver cet aiglon... »

Jumièges grinçait des dents, en déchiffrant cette lettre.

— Oh! tu me paieras cela au centuple, misérable, murmurait-il.

Il sauta une dizaine de lignes écrites du même style et arriva à ce post-scriptum, qui le rendit rêveur :

« *Post-Scriptum*. — Retiens cet animal pendant deux heures; je te dirai pourquoi, la prochaine fois que je te rencontrerai. C'est un service que j'attends de ta vieille amitié. — VILLAFORT. »

La lettre échappa des mains de Jumièges.

— Eh bien! il est sans gêne, ce Villafort! se dit-il en lui-même; deux heures de tête-à-tête avec cet oison!... Qu'est-ce que signifie tout cela ?

Mais, s'apercevant de l'air intrigué du jeune provincial, il se remit aussitôt :

— Mon ami, M. Villafort, me dit beaucoup de bien de vous, monsieur.

— M. Villafort est l'obligeance même, répondit modestement Séverin de Brouseilhes.

— Il me parle de vos heureuses dispositions... et principalement d'un poème sur les Champenois.

— Sur les Albigeois...

— Oh! pardon..., cela doit être fort intéressant.

— J'ai essayé de retracer à grandes lignes la lutte entre la mitre et la hache, et dépeindre le tableau de l'Europe déchirée par les griffes d'une cinquantaine de tyranneaux.

— Eh! mais; il faudra montrer cela à Lemerre.

— L'éditeur du passage Choiseul? dit Séverin de Brouseilhes en ouvrant des yeux extasiés.

— Lui-même, le patron de toutes nos célébrités poétiques : Coppée, Leconte de Lisle, Amédée Pigeon... Il est très porté pour les Albigeois, il me le disait encore l'autre jour.

— Quel bonheur!

Cependant Jumièges pensait tout bas:

— J'aurai bien du mal à garder ce dadais pendant deux heures!

Les deux interlocuteurs en étaient là de leur conversation peu intéressante, lorsque la bonne de Jumièges fit irruption dans le cabinet.

— Eh bien! Marie, que signifient ces allures de cyclone?...

— Monsieur..., c'est cet homme de l'autre jour, qui a si mauvaise mine...

— Je sais, dit Jumièges en se levant.

Et se tournant vers M. de Brouseilhes :

— C'est un directeur de spectacle..., je vous demande seulement le temps de le jeter à la porte...

— Faites donc, balbutia le Narbonnais, ébloui de tant d'impertinence !

En se voyant seul, le jeune M. de Brouseilhes se sentit pris d'un désir immodéré de lire la lettre de recommandation de Villafort qui était restée ouverte sur la table.

Il ne risquait rien ; il entendait dans l'antichambre la voix de Jumièges...

Aussi, n'essayant même pas de résister, il saisit le document et en dévora le contenu. Le ton du marquis de Villafort l'offusqua singulièrement, mais l'épithète d'*animal* le fit rougir d'indignation.

Il n'était pas remis de son trouble, que Jumièges rentra.

— Excusez-moi, fit celui-ci ; il n'y a pas de jour que je ne sois importuné de la sorte.

Être importuné par un Directeur de Théâtre, c'eût été le rêve du jeune Brouseilhes !

— Ah çà! continua Jumièges, je vous garde à déjeuner, mon aimable porte-lyre.

— Dispensez-moi, je vous prie.

— Non..., non... Villafort vous recommande à moi avec trop de chaleur, pour que je ne comprenne pas l'étendue de mes devoirs...

— Et puis, continua-t-il à part, ce sera un moyen d'arriver au bout de mes deux heures.

De son côté, Séverin pensait :

— Pourquoi n'accepterais-je pas son invitation? Ce n'est pas à Jumièges que j'en veux, c'est à Villafort! Oh! me venger de Villafort!

Et l'on passa dans la salle à manger.

Pendant le repas, la conversation tomba sur Villafort. C'était fatal.

— Vous le connaissez beaucoup? demanda Jumièges.

— Assez; c'est un de mes compatriotes, répondit Séverin.

— Comment! Villafort est de Narbonne; il me l'a toujours caché... C'est donc cela, qu'il vous porte tant d'intérêt?

Séverin de Brouseilhes ne répondit pas.

— Vous souriez, lui dit Jumièges.

— C'est bien possible.

— Pourquoi souriez-vous? Ah! mon jeune barde, vous connaissez Villafort plus que vous ne voulez le dire. C'est un luron, n'est-ce pas ? Vous devez en savoir de bonnes sur son compte, avouez-le.

— J'avoue que M. Villafort aime les femmes ; il avait cette réputation à Narbonne.

— Déjà ? à Narbonne ! voyez-vous ça, il aime les femmes !

— Surtout les femmes des autres.

— Ah !

Jumièges fit un mouvement involontaire.

— Et à Paris il se comporte sans doute comme à Narbonne ? continua-t-il.

— Je crois que oui, dit Séverin qui ne se refusait pas à laisser remplir son verre.

— Ce Villafort !

— Je suis certain, chaque fois que je vais chez lui, d'y trouver une femme.

— Vraiment !

— Ce matin encore ! dit le Narbonnais, s'émoustillant à ses propres paroles.

— Ce matin ?

— Il n'y avait pas cinq minutes que j'étais chez lui, lorsqu'un doigté discret se fit entendre à la porte. Villafort se précipita immédiatement au-devant d'une jeune femme couverte d'une voilette, et s'écria : — « Ah ! vous voilà, ma chère Marthe ! »

— Marthe! hurla Jumièges en donnant un coup de poing sur la table.

— Marthe. Oui, c'est bien le nom que j'ai entendu.... Mais qu'avez-vous, mon cher maître?

— Et la voilette..., de quelle couleur était-elle?

— Rose, je crois !

Jumièges se leva, les mains frémissantes.

— Adieu, dit-il à Séverin.

— Où allez-vous ?

— Chez Villafort, parbleu !

Le jeune M. de Brouseilhes, qui n'avait rien perdu de son sang-froid, tira sa montre et lui dit :

— Attendez un peu ; le délai n'est pas encore expiré. Vous ne m'avez retenu que pendant une heure cinquante minutes.

LE RIDEAU VERT

STATION de Lucigné, sur la ligne de l'Ouest. Un train s'arrête au milieu de la nuit, une nuit très noire. Pas une étoile au ciel. Un employé, une lanterne à la main, guide un voyageur sur la voie et lui ouvre la portière d'un compartiment de première classe. Il y fait sombre comme au dehors. Au plafond du compartiment, la lueur de la lampe est interceptée par le petit rideau de soie verte.

Un coup de sifflet en trémolo. Le train part, le train est parti.

Le nouveau venu est resté à demi courbé,

immobile, ne distinguant rien. Il veut faire un pas et il lui semble qu'il patauge à travers des malles et des couvertures. Alors sa main se porte naturellement vers le petit rideau de soie verte.

— Que faites-vous, monsieur? dit tout à coup une voix féminine.

— Madame, je cherche à y voir clair, ce qui est nécessaire pour placer mes bagages.

Le rideau tiré, un jet de lumière éclaire une dame seule, voilée et pelotonnée dans un coin du wagon.

— Excusez-moi, madame, murmure le voyageur, qui pense à part lui: « Quelque bégueule de province? »

Cependant un coup d'œil qu'il lui jette en dessous tout en rangeant ses effets dans le filet, lui a révélé une taille élégante et une toilette distinguée.

Après avoir débouclé sa couverture, lentement, correctement, en homme qui a l'habitude des voyages, il se met en mesure de replacer le petit rideau en l'état où il l'a trouvé.

— Vous fermez le rideau, dit la dame.

— Oui, madame, j'éteins.

— Vous tenez beaucoup à rester dans l'obscurité?

— Mais oui, madame, répond-il en s'étonnant, je ne pourrais pas dormir sans cela.
— Ah !
— Vous-même, lorsque je suis entré, vous paraissiez vous accommoder fort bien de cette obscurité.
— J'en conviens..., mais à présent que vous m'avez réveillée, il me semble que je lirais encore quelques instants.
— Lire à une pareille heure ! Songez donc, madame, qu'il est une heure passée.
— Croyez-vous, monsieur ?
— J'en suis sûr.
— C'est que le livre que je lis est si intéressant ! Voyons, monsieur, un chapitre encore..., soyez galant.

Cette expression paraît au voyageur d'une horrible vulgarité.

— Il y a d'autres moyens d'être galant, dit-il d'un ton assez cavalier.

La dame se tait.

— Eh bien, reprend-il, faisons un accord.

Il tire sa montre et la consulte.

— Prenez une demi-heure... Hein ? c'est raisonnable, je crois. A une heure et demie, une heure trente-cinq, je fais les ténèbres comme un machiniste d'opéra.

— Puisqu'il le faut!... soupire-t-elle.

Et elle abandonne son coin pour se rapprocher de la lampe, ce qui la rapproche du voyageur, à qui elle fait presque vis-à-vis.

Il la regarde lire.

Elle a relevé sa voilette. Décidément, elle est jolie.

Lit-elle pour tout de bon? Que lit-elle? Autant de petits problèmes qui occupent l'imagination du voyageur.

Ces petits problèmes sont vite épuisés.

Vient ensuite la série des conjectures. Est-ce une femme mariée? Est-ce une aventurière? Est-ce une simple bourgeoise?

Cela fait encore passer du temps, mais pourtant cela finit par devenir monotone.

S'il essayait de dormir?

Non, il est incivil à un homme bien élevé de fermer les yeux devant une femme qui les a ouverts — et qui les a fort beaux d'ailleurs.

Il attendra.

Et, du reste, il n'a pas longtemps à attendre.

Tout à coup il s'écrie :

— Une heure et demie, madame! le délai est expiré!

— Ah! monsieur! vous m'avez fait peur!

Le voyageur bondit sur le petit rideau et... le compartiment rentre dans l'obscurité.

Eh bien! non, je n'irai pas plus loin. Quelque véridique que soit cette historiette, je renonce à la raconter, tant elle est banale. Elle traîne tous les journaux et a été tenue sur les fonts de baptême par Marcelin. Rien d'usé, de vieillot, de fané, comme l'aventure galante en chemin de fer qui a remplacé l'aventure galante en diligence, que Paul de Kock avait popularisée, et que Mérimée, ce grand sécot, avait raffinée dans sa *Double méprise*.

O mon Dieu! Je suis tombé bien bas, mais je ne roulerai pas cependant jusqu'à la bonne fortune en chemin de fer. Non, non, je m'y refuse absolument; je ne mangerai pas de ce pain-là, de quelque confiture qu'il soit couvert. Éloignez de moi les Gontran, les Grecs, et les Petites Baronnes, ils me donnent des nausées. Non pas que je ne saurais en jouer comme un autre, et chiffonner, moi aussi, tous ces chiffons du libertinage moderne. J'ai été élevé à mauvaise école; on ne s'en aperçoit que de trop par moments. Si je me laissais aller comme certains spécialistes de pornographie, il me serait facile de filer cette scène si connue et si commune d'un tête-à-tête sur les coussins de la compagnie de l'Ouest ou de la compagnie du Nord, de décrire par le menu les épisodes d'un siège détaillé, attaque et défense, pour lesquels un catéchisme semble avoir été composé exprès par demandes et par réponses; d'abord ces propos insignifiants et flatteurs, empressés, murmurés à voix douce; ce marivaudage de rencontre; cette stratégie érotique, ces préludes savants, ce pied qui cherche le pied, ce genou qui trouve le genou, l'enveloppement gradué et caressant de la femme : puis un envahissement plus sérieux, cessant d'embrasser plusieurs objets à la fois pour se concentrer sur un seul, ne voltigeant plus, se fixant.

Je raconterais minutieusement les moindres épisodes d'une chute imminente, précipitant telle situation, ralentissant telle autre, jusqu'à l'instant prévu de l'Eurêka. Je prodiguerais ces détails si recherchés des amateurs : un corsage à demi dégrafé, une jambe en évidence, invitant aux ascensions, sans oublier cette main excursionniste et fureteuse, qui fait ce bruit d'un hanneton dans un cornet de papier, selon une expression de Balzac. Je noterais comme une partition ces soupirs, ces monosyllabes, ces accords, ces exclamations qui n'appartiennent à aucun vocabulaire ; ces appels délirants à tous les saints d'une théologie imaginaire...

Voilà l'article que je n'écrirai pas, que je ne veux pas écrire !

Pourtant, je sais ce que je dois à mes lecteurs. J'ai commencé une anecdote dont il leur faut la fin. Il n'y a pas de répulsion qui tienne. Je m'exécute donc en quelques lignes.

Le wagon est toujours plongé dans une ombre complète, grâce au petit rideau de soie verte, et comme nous l'avons laissé à une heure et demie.

Cependant l'aube va poindre.

Le voyageur s'éveille, s'étire et bâille. Oh ! les hommes !

Il fait sonner sa montre.

Quatre heures !

Un bras s'est enroulé autour de son cou, et une voix languissante a murmuré :

— Édouard, tu peux tirer le rideau.

— C'est juste, a répondu Édouard, se rappelant le mot de Rabelais, puisque la farce est jouée !

LE FLAGRANT DÉLIT

I

OMME il lui était arrivé aux oreilles et même jusque par-dessus, que sa femme avait un amant, M. Malorné se décida à aller trouver le commissaire de police de son arrondissement, qui était en même temps son ancien condisciple du lycée Saint-Louis.

— Quel motif vous amène chez moi, mon cher Malorné? lui dit le fonctionnaire.

— Je ne viens pas chez vous, mon cher

condisciple, repartit Malorné ; je me présente à votre bureau.

— Quel air solennel ! dit le commissaire.

— Solennel n'est pas de trop ; ajoutez : attristé.

— Ah ! mon Dieu ! expliquez-vous bien vite !

M. Malorné poussa un profond soupir.

— Vous n'ignorez pas, dit-il, que je suis marié depuis plusieurs années.

— Non, certes, répliqua le commissaire de police, et j'allais vous demander des nouvelles de Mme Malorné.

— Eh bien ! mon cher ami, je viens précisément vous en apporter... et des plus fraîches.

Et après un second soupir :

— Mme Malorné est une épouse adultère.

— Qu'est-ce que vous me dites là ? s'écria le commissaire de police avec un haut-le-corps.

— La vérité, mon cher condisciple, la douloureuse vérité.

— Voyons, voyons..., mettez un peu d'ordre dans vos idées... On se crée parfois des fantômes...

— Palmérin est loin d'être un fantôme, dit M. Malorné en hochant la tête ; il a la taille de Donato et l'embonpoint de Dumaine.

— Qu'est-ce que c'est que Palmérin ? fit le commissaire ; vous jetez le trouble dans mon esprit, je ne sais plus où j'en suis.

— Palmérin était, il y a quelque temps, le plus cher de mes amis.

— Toujours la même histoire, murmura le commissaire de police.

— Hélas ! oui, mon honorable condisciple, toujours la même histoire ! Vous ne sauriez vous imaginer jusqu'à quel point j'aimais Palmérin. Un garçon si aimable ! un si joyeux compagnon ! Je ne sais pas comment il s'y était pris pour m'entortiller, mais il m'avait littéralement entortillé, l'animal ! Même encore aujourd'hui, lorsque j'en parle, je ne peux me défendre d'un reste de tendresse. Et quand je pense que c'est lui qui a consommé mon déshonneur !

— L'a-t-il réellement consommé, mon digne Malorné ?

— Je ne saurais en douter ; il continue même à le consommer deux ou trois fois par semaine.

— Vous en avez la preuve matérielle ?

— Matérielle, non ; et c'est sur vous que je compte pour l'acquérir.

— Sur moi ?

Sans doute : n'êtes-vous pas commissaire de

police ? Ne devez-vous pas votre aide aux infortunés dans mon cas ? Je viens requérir votre ministère pour pincer ma femme avec Palmérin.

La physionomie du commissaire de police se nuança de tristesse.

— En droit, répondit-il, je ne puis pas vous refuser, Malorné ; mais avant de vous prêter mon appui officiel, mon devoir est d'épuiser tous les moyens possibles de conciliation.

— Turlututu !

— Malorné, avez-vous bien réfléchi aux conséquences de l'esclandre que vous voulez provoquer ? Ne serait-il pas préférable d'ensevelir dans le silence un accident dont quelques causes premières proviennent peut-être de votre fait ?

— Je n'ai rien à me reprocher, mon cher ami, je vous le jure ; j'ai toujours été un mari modèle. Blessé dans mes fibres intimes, montré au doigt par mes connaissances, je n'aspire qu'à me venger.

— Hélas ! votre vengeance vous désignera bien plus à la publicité... Et les journaux ! avez-vous songé aux journaux ? Vous entrerez dans l'histoire, Malorné.

— Je le sais, mais du moins je ne serai plus comique, je serai terrible. Je ne serai plus

Georges Dandin, je serai le More de Venise. J'effraierai Palmérin.

— Malheureux ! je crois vous comprendre : vous méditez un meurtre, deux peut-être...

— Rassurez-vous, je serai calme.

— Jurez-moi de n'avoir aucune arme sur vous et de ne tenter aucune voie de fait sur l'un ou l'autre des deux délinquants.

— Je vous le jure.

— C'est bien. Alors, mon pauvre Malorné, je suis à votre disposition. Fournissez-moi les renseignements nécessaires. Quel jour voulez-vous procéder à la constatation du flagrant délit ?

— Aujourd'hui même, ce soir.

— L'endroit ?

— Dans ma maison, dans ma propre maison, rue Léonie, entre cour et jardin.

— L'heure ?

— Les criminels sont convoqués pour minuit.

— Que voulez-vous dire ? s'écria le commissaire de police.

— Je veux dire, répondit Malorné, que je leur ai tendu un piège pour minuit.

— Quel genre de piège ?

— Vous savez bien qu'il n'y en a qu'un seul au monde.

— C'est vrai..., vous avez feint une absence, un voyage ?

— Juste.

— Et vous comptez que cela réussira ?

— J'en suis sûr. Palmérin n'est pas fort, quoique gentil.

— Allons ! que votre volonté s'accomplisse ! dit le commissaire. A ce soir, Malorné, à ce soir... Mais rappelez-vous ce que je vous dis : vous regretterez d'avoir employé cette mesure extrême.

— Le sort en est jeté... Palmérin apprendra ce qu'on gagne à m'offenser.

Le commissaire s'était levé ; mais Malorné ne l'imitait pas.

— Il ne nous reste plus à présent qu'à convenir d'un lieu de rendez-vous, dit le commissaire.

— C'est cela.

— J'aurai mon écharpe... et deux agents.

— Mettez-en quatre..., ce ne sera pas de trop pour garder les issues.

— Comme vous voudrez. Faut-il aussi amener un serrurier ?

— C'est inutile. J'ai toutes les doubles clefs sur moi.

— Donc, à ce soir, dit le commissaire en tendant la main à Malorné.

— Mais Malorné ne bougeait non plus qu'une souche.

— Je ne vous quitte pas, dit-il au commissaire.

— Comment ! vous ne me...

— Non, je ne vous quitte pas, mon bon ami. Excusez-moi, je vous en conjure, mais... j'ai de la méfiance.

— Malorné !

— Qui me dit que, dans un but excellent, vous ne seriez pas homme à faire prévenir Palmérin ?

— Mais je me moque absolument de votre Palmérin ! s'écria le commissaire avec un haussement d'épaules.

— C'est égal, je tiens à ne pas vous perdre de vue jusqu'au moment psychologique.

— Savez-vous que vos soupçons sont injurieux pour le fonctionnaire ?

— Consentez à dîner avec moi au restaurant.

— Vous n'y pensez pas ! dîner... tous les deux... et dans un pareil jour !

— Justement... j'ai besoin que vous m'assistiez jusqu'au bout...

— Mes fonctions ne me permettent pas...

— Laissez donc ! vos fonctions vous permettent tout ce que vous voulez.

— Mais vous-même, mon cher, la situation dans laquelle vous vous trouvez...

— La situation dans laquelle je me trouve m'autorise à user de réconfortants et de distractions. Venez, Marguerie nous attend.

— Vous le voulez ?

— Vous me devez ce suprême témoignage d'amitié. Je croirai dîner encore avec Palmérin. En ai-je fait de ces fins repas sur la terrasse du Gymnase avec ce brigand de Palmérin !

— Malorné..., ce Palmérin me paraît vous tenir encore au cœur plus que vous ne croyez.

— Je ne le nie pas, mon cher condisciple ; c'est à ma femme que j'en veux plus qu'à Palmérin... Palmérin, mon Dieu, n'est qu'un Lovelace, obéissant à l'empire de ses sens...

— Un faux ami, cependant..., un traître...

— J'en conviens.

— Un monstre...

— C'est évident !

— Puisque vous voulez en tirer un châtiment exemplaire...

— Oui... Oui... Ah ! pourquoi est-ce Palmérin plutôt qu'un autre ?... A quels remords ne doit-il pas être en proie ?

— Malorné ?

— Cher ami ?

— Pourquoi ne pas abandonner ce Palmérin à ses remords?

— Non! s'écria avec force Malorné, non! Il faut que la justice des hommes suive son cours.

— Bien décidément?

— Mettez-vous à ma place!

— Ah! non, fit le commissaire.

— Alors, allons dîner!

II

Pourquoi les commissaires de police partagent-ils avec les médecins la réputation d'être des fourchettes de premier ordre? Je n'en sais rien, mais le fait est exact. Cependant, ce jour-là, le commissaire de police devait baisser pavillon devant Malorné, qui, malgré ses graves préoccupations, rédigea un menu dont auraient tiré gloire Laguipière ou Carême. On n'aurait jamais dit qu'à quelques heures de là, le même homme qui se jouait avec les perdreaux en chartreuse allait faire sa partie dans un drame.

Le commissaire ne pouvait se lasser d'admirer son sang-froid et de lui exprimer son étonnement.

— Quel appétit ! s'écriait-il de temps en temps.

— Je trompe ma douleur, répondait simplement Malorné.

— Quelle soif !

— Je cherche à éteindre le volcan qui gronde dans ma poitrine.

A un moment donné, le commissaire de police put espérer qu'à force d'*éteindre* et de *tromper*, Malorné se mettrait dans l'impossibilité d'exécuter son projet de minuit. Mais il ignorait la capacité de Malorné. Ce fut le commissaire qui sentit la nécessité de s'arrêter lui-même sur la voie du clicquot, après s'être retenu déjà sur la pente du chambertin. Il se leva tout à coup.

— Il faut que je vous quitte un instant, mon cher ami.

— Pourquoi ?

— Pour aller à l'Opéra où mes fonctions officielles m'enjoignent de me montrer.

— Eh bien ! j'irai avec vous.

— Diable ! il est *collant* ! dit le commissaire entre ses dents.

Tous deux allèrent à l'Opéra. Il s'agissait de tuer le temps jusqu'à minuit. Ils le tuèrent à force de cafés et de brasseries. Enfin l'heure décisive les trouva rue Léonie. Le commissaire de police s'était fait accompagner de deux agents en bourgeois. Malorné guidait la petite troupe. Il avait, comme il l'avait dit, toutes les clefs sur lui ; on n'eut donc pas besoin de sonner le concierge. On traversa le jardin par une nuit charmante, silencieuse et parfumée, pleine d'étoiles en haut et de fleurs soupçonnées en bas. Mais de ces quatre personnages aucun ne se préoccupait des douceurs et des poésies de cette nuit. Le commissaire songeait à la vilaine corvée qu'il avait dû accepter et souhaitait qu'un contre-temps vînt déranger les combinaisons de Malorné. Quant à celui-ci, à mesure qu'il approchait du but, il se sentait défaillir physiquement et moralement. Vint un moment où le magistrat le vit chanceler et s'appuyer à un vernis du Japon.

— Mon cher commissaire, soutenez-moi, je vous en prie...

— Voyons, Malorné, voyons, du cœur !

— Ah ! il est de ces situations dans la vie...

— Vous avez trop préjugé de vos forces...,

je l'avais bien prévu... Il en est temps encore : retournons-nous-en.

— Nous en retourner... comme des couards?... Jamais !

Et son pas reprit de l'assurance.

Ils arrivèrent devant le perron d'un pavillon à trois étages.

— Il y a de la lumière au premier, fit remarquer le commissaire de police.

— Oui..., dans la chambre de ma femme, dit Malorné.

On s'engagea le plus doucement possible dans l'escalier éclairé par une lanterne japonaise; mais si peu de bruit que fissent ces quatre personnes, elles en firent cependant assez pour réveiller dans l'antichambre une petite soubrette qui sommeillait sur un divan. Elle se redressa subitement à l'aspect de ces quatre fantômes, et sans perdre le *Nord*, en vraie femme de chambre parisienne qu'elle était, elle se mit à crier à travers la porte :

— Madame, c'est Monsieur !

D'un revers de main, Malorné l'écarta en lui disant :

— Veux-tu te taire, petite effrontée !

Le commissaire frappa.

— Au nom de la loi, ouvrez !

Un silence profond se fit dans la chambre conjugale.

— Je connais ça, dit le commissaire.

— Faites une seconde sommation, murmura Malorné.

— Au nom de la loi !...

Même silence, suivi d'un petit furetage.

— Ils ne veulent pas ouvrir, dit le commissaire.

— Je le vois bien, fit Malorné ; les misérables !

— Passez-moi votre clef.

— La voici...

Et le commissaire de police, proférant la troisième sommation, introduisit la clef dans la serrure.

Puis, se penchant à l'oreille de Malorné.

— Le verrou est mis ! lui dit-il.

— Gueux de Palmérin ! fit Malorné.

Le commissaire :

— Pour la dernière fois, ouvrez..., ou nous enfonçons la porte !

A ce même instant, Malorné s'affaissait sur ses genoux.

— Oh ! qu'il est dur de se venger ! balbutiait-il.

— Je vous l'avais bien dit ! répliqua le commissaire ; vous n'avez pas la force d'âme nécessaire... Mais il est trop tard. En avant !

La porte céda.

Quelque chose comme un sourd gémissement se fit entendre dans la chambre violée.

Le mari recouvra une partie de son énergie au spectacle qui s'offrit à ses yeux.

Sa femme, enveloppée dans un vêtement d'air tissé, de la plus coquette immodestie, s'était précipitée hors de sa couche. Ses pieds étaient nus, ses bras étaient nus. Le nu éclatait de toutes parts, le nu et le rose. Ses cheveux flottaient immenses et blonds. Ainsi défaite, Mme Malorné était une adorable petite créature sur laquelle les deux agents en bourgeois jetaient à la dérobée des regards d'amateur. Type de la Parisienne perverse et ensorcelante, on eût dit la statue de l'Adultère, ébauchée par Clodion et finie par Pradier.

— Qui êtes-vous, messieurs ? demanda-t-elle impétueusement au commissaire.

Celui-ci eut un frisson d'admiration en voyant presque sous son nez un bout d'épaule rose et satiné.

— Madame, ne craignez rien, balbutia-t-il.

— Que me voulez-vous ?

— Je suis commissaire de police.

— Eh! qu'est-ce que ça me fait?... On ne réveille pas ainsi une femme pendant la nuit!

— Vous voyez bien que si, répliqua le commissaire qui reprenait de l'assurance.

— Enfin, qui vous amène?

— Madame, vous n'êtes pas seule ici; dites-nous où est votre complice.

— Mon complice, monsieur? Que signifie?...

— Où est Palmérin? rugit Malorné qui avait gardé le silence jusqu'alors.

La femme regarda à peine Malorné, elle n'était préoccupée que du commissaire de police.

— Je ne comprends rien à vos paroles, monsieur, lui dit-elle.

— Mais, moi, répliqua-t-il, je comprends beaucoup au désordre de cette pièce, à ces deux oreillers, à ces draps traînants, à ces chaises renversées... Encore une fois, madame, votre complice?... Il doit être ici.

— Je vous affirme que je suis parfaitement seule, répondit M#me# Malorné.

— Nous allons bien voir...

Et le commissaire se mit à chercher par l'appartement; il ouvrit les placards il fouilla le cabinet de toilette...

Malorné cherchait de son côté.

Tout à coup la fenêtre ouverte attira son

attention. Elle attira également celle du commissaire.

Ces deux hommes échangèrent un regard. C'était par là évidemment que Palmérin avait dû prendre la fuite. Un treillage extérieur avait facilité sa descente dans le jardin. Palmérin ne pouvait être loin encore. Aussitôt le commissaire de police alla à ses deux agents et leur donna des ordres à voix basse.

Que se passa-t-il alors dans l'esprit de Malorné?

Un mouvement irrésistible le poussa vers la fenêtre.

Il s'y pencha. L'obscurité empêchait de rien distinguer dans le jardin.

— Palmérin! appela-t-il, Palmérin!

Palmérin se garda bien de répondre, mais on l'entendait courir à travers les branches.

Et Malorné continuait de crier:

— Palmérin!... pas par là..., à droite!

Puis, lui jetant une clef:

— Tiens, voilà la clef de la petite porte... Fuis, Palmérin!

LE PRÉSIDENT VINCENT

e chapitre des aberrations de l'esprit humain est plus limité qu'on ne le croit; les médecins aliénistes ont beau collectionner les cas et les sujets, il se trouve toujours que le présent plagie le passé.

Les scandales d'aujourd'hui sont les mêmes que les scandales d'autrefois.

Tout a vécu, surtout dans le vice.

Je n'en veux pour exemple que l'aventure d'un certain magistrat, empruntée aux archives secrètes du XVIII° siècle et qui ne serait pas dépassée de nos jours, rue de Suresne ou rue Chabanais.

Un matin, la Gourdan, qui était la plus célèbre pourvoyeuse de Paris et qu'on appelait aussi la Petite Comtesse, reçut le billet suivant, qui n'avait pas besoin d'être signé pour qu'elle y reconnût l'écriture du président Vincent :

« Ma chère comtesse,

« Je viendrai demain chez vous, entre chien et loup, au sortir de l'audience. Réservez-moi, comme d'habitude, la *chambre aux Châtiments;* ayez les demoiselles Julie et Colombe, qui ont de la modestie et du savoir-vivre. Je ne veux plus de la petite Anglaise; elle est trop rieuse ; j'aime le sérieux dans tout. A revoir, ma chère comtesse; continuez à bien me servir; vous savez que je paye grassement. Je tâcherai de vous avoir la pratique de quelques-uns de mes collègues... »

Quelques mots de cette épître ne seront peut-être pas compris : ils seront expliqués plus tard.

Le président Vincent arriva à l'heure indiquée chez la Gourdan, rue des Deux-Portes-

Saint-Sauveur. Il y fut reçu avec tous les respects mystérieux dus à un magistrat.

Figurez-vous un homme de cinquante à soixante ans, maigre et long, froid et triste, sec comme un clou, noir comme un pruneau, le nez barbouillé de tabac d'Espagne, le regard dur sous d'épais sourcils, les dents jaunes, la parole aigre et rare, le geste tranchant, la démarche automatique.

Tel était le président Vincent, une des lumières de son siècle, une des gloires du Parlement.

Laid au physique, il était hideux au moral. Hautain avec les petits, bas avec les grands, faux avec tous, impitoyable dans ses fonctions, le ciel avait formé son âme de la boue la plus vile du XVIIIe siècle.

La Gourdan l'accueillit avec des démonstrations empressées, auxquelles il répondit par sa sécheresse coutumière, et en se contentant de demander :

— Tout est-il prêt ?

— Daignez entrer, dit la Petite Comtesse en le précédant avec un flambeau à trois branches.

O ma plume, ne bronche pas ! Tiens-toi prête, toi aussi, à toute espèce d'aventures !

La *chambre aux Châtiments* est splendidement éclairée et chauffée.

Elles sont là trois jeunes filles charmantes qui entourent une grande sorte de squelette en uniforme de bain.

La première a le costume d'une élégante femme de chambre, le jupon de taffetas rayé, le tablier à dents de loup, la mule à réseau d'argent : c'est Julie.

La seconde est habillée en cuisinière plantureuse comme la Nicole du *Bourgeois gentilhomme*, les bras retroussés jusqu'au coude : c'est Colombe.

La troisième porte le bonnet pyramidal des nourrices du pays de Caux : c'est une actrice de chez Nicolet.

Toutes les trois, comme je l'ai dit, sont particulièrement jolies, mais leur gentillesse n'a que faire ici.

Julie tient de ses deux mains une riche chemise brodée qu'il s'agit de passer à M. le président, dont la sèche carcasse fait horreur à voir. Elle la déploie à ses yeux, l'étale de tous les côtés et la lui offre avec les façons mignardes que l'on met à parler à un enfant :

— Qui est-ce qui va passer sa belle chemisette, sa misette des dimanches ?

M. le président, plus que jamais sévère et renfrogné, se prête à cette comédie burlesque.

— A présent, ôtons ces vilains bas noirs, et passons ce joli pantalon à dentelles... Là, voilà qui est fait... Oh! le bel enfant! Voyez donc, Colombe!...

Et Colombe et la nourrice de s'extasier :
— Oh! le bel enfant! le bel enfant!
— N'oubliez pas le bourrelet, dit l'actrice de chez Nicolet.
— Ah! c'est vrai, le bourrelet... pour qu'il ne se fasse pas de mal à la tête, le pauvre chéri!

Un bourrelet monumental, semblable à un turban de tragédie, va ceindre le front du président Vincent, que ses grimaces font ressembler à un singe.

Alors les trois femmes de multiplier leurs exclamations :
— Oh! le beau poupon!
— Il est superbe!
— Comme il viendra bien!
— Il faut qu'il s'essaie à marcher, dit Julie. Où sont les lisières?

Des lisières sont passées sous les bras du président, qui fait quelques pas en imitant les trébuchements d'un marmot.

— Prenez bien garde, nourrice, s'il allait se cogner !

— Ne craignez rien, ça me connaît.. Passez-moi le hochet, maintenant. A cet âge-là, les quenottes font déjà mal.

Mais le président, quinteux comme on l'est à dix-huit mois, jette le hochet par terre.

On lui met une crécelle en main ; il la jette aussi.

On la remplace par un sucre d'orge ; il le jette.

On lui donne un tambour ; il le jette.

— Voyez-vous le petit capricieux ! dit Colombe.

— On ne sait pas ce qu'il veut.

— Il a peut-être besoin d'être mouché, dit Julie.

— C'est cela, dit la nourrice... Oh ! le petit sale !

Et s'agenouillant devant lui avec un mouchoir :

— Donnez-moi votre nez... Comme il est barbouillé ! Allons ! poussez mieux que cela..., faites la trompette.

Le président se débat.

— Je ne veux pas, na ! je ne veux pas faire la trompette.

— Laissez-vous moucher !

— Non! non!

— Oh! le petit obstiné! s'il ne veut pas se laisser moucher, il aura du martinet.

— Non! non!

— Montrez-lui le martinet, nourrice!

— Voilà, dit l'actrice de chez Nicolet.

— Hi! hi! hi! fait le président.

— Il pleure, à présent...; voulez-vous bien ne pas pleurer comme ça!

— Hi! hi! hi!

— C'est le martinet qui lui fait peur... Cachez-le, nourrice... Monsieur le martinet, voulez-vous bien vous en aller?... Le petit a promis d'être sage... Là, le martinet est parti..., essuyez vos beaux yeux..., faites une risette à votre maman.

— Hi! hi! hi!

— Il pleure toujours..., on ne sait que faire pour lui plaire, dit Julie?

— Il veut peut-être sa bouillie, fait remarquer la nourrice.

— Croyez-vous? Elle est à chauffer.

— Retirez-la du feu, cuisinière.

La bouillie est trop chaude. N'importe, les trois espiègles en couvrent toute la figure du président, qui pousse des hurlements et se roule sur le tapis. Qu'il est heureux!

Certes, ce n'était pas un criminel, le président Vincent.

C'était un grotesque, voilà tout. La science lui trouverait un nom spécial.

Et cependant il fut rudement puni, un soir qu'il était retourné chez la petite comtesse. Une bande de mousquetaires qui s'y trouvaient en partie bachique et galante (on a prétendu qu'ils avaient été avertis par l'actrice de chez Nicolet) força la *chambre aux Châtiments* et y fit invasion. Ils reconnurent le malheureux président Vincent, emmailloté, piaillant, et bercé par les trois jeunes filles qui lui chantaient la chanson : *Dodo, l'enfant do*.

Les mousquetaires s'emparèrent de lui, malgré l'intervention de la Gourdan et de son personnel, et le transportèrent à travers les rues, ainsi fagoté, jusqu'à la porte de son hôtel, où ils le déposèrent en butte aux huées de la canaille...

Quelques mois après, la Petite Comtesse mourut subitement dans un souper. On a prononcé les mots de poison et de vengeance particulière.

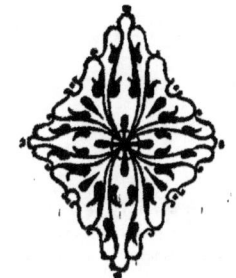

TABLE

La Baignoire. 1
Le Poêle. 9
La Vengeance du Médecin 17
Le Grelot 23
Gaillardises militaires. 32
L'Écho 43
La Lettre de recommandation. 50
Le Rideau vert. 59
Le Flagrant délit 66
Le Président Vincent. 82

Achevé d'imprimer

le vingt-huit septembre mil huit cent quatre-vingt-neuf

PAR

ALPHONSE LEMERRE

(Th. Bret, *conducteur*)

25, RUE DES GRANDS-AUGUSTINS, 25

A PARIS